DOCUMENTS

SUR

LE PREMIER EMPIRE

Napoléon savait assez bien à quoi s'en tenir à l'égard de la Prusse, mais il croyait bon de l'épargner. « Je ne ferai pas la guerre à la Prusse, dit-il au colonel Krusemarck, parce que j'ai besoin de mes troupes ailleurs et que je ne veux pas me brouiller avec la Russie[1]. » Cependant l'impossibilité de suffire aux exigences des finances aggrava la situation du gouvernement prussien de jour en jour. L'empereur demanda péremptoirement le payement des sommes dues en disant : « Si le roi ne peut pas payer, il n'a qu'à me céder la Silésie[2]. » Le ministère prussien n'était pas capable de découvrir d'autre expédient qu'une cession territoriale. Dans cette crise terrible, le roi Frédéric-Guillaume voulut recourir aux talents de son ancien serviteur, le baron de Hardenberg, banni de la cour par ordre de l'empereur. Les dépêches du comte de Saint-Marsan permettent de croire que l'idée de la révocation du baron de Hardenberg date déjà de l'année 1809. J'ai trouvé dans sa correspondance diplomatique les notices qu'on va lire :

1. Ranke : Hardenberg, *l. c.*, p. 142.
2. Ranke, *l. c.*, p. 145.

« Le 26 juillet 1809... Les bons Prussiens et les personnes sensées, qui sont malheureusement en petit nombre dans la classe de celles qui ont de l'influence, gémissent de tout ce qui a été fait et dit... Ils prétendent qu'il (le roi) n'est pas satisfait de la composition de son ministère actuel, *j'ai même lieu de croire qu'on a voulu me sonder pour savoir si Sa Majesté l'Empereur ne désapprouverait pas que M. de Hardenberg reprît le timon des affaires...* »

« Le 4 août 1809... Je ne peux pas douter que Sa Majesté le roi de Prusse désire replacer le baron de Hardenberg au ministère. Elle voudrait le nommer président du conseil des finances et il serait du fait premier ministre ; mais ce projet, qui existe à l'insu du ministère, n'aura lieu qu'en tant que le roi pourrait croire que Sa Majesté l'empereur ne le désapprouverait pas, et le baron de Hardenberg, de son côté, ne s'y prêterait pas sans cette persuasion... »

Le 14 novembre 1809, Saint-Marsan parle de l'activité des amis de Hardenberg :

« Ils dirent (ils sont sans doute chargés de me dire) que cet ancien ministre... a dit à ses amis que, s'il reprend le timon des affaires, il ferait tous ses efforts pour obtenir de Sa Majesté l'empereur et roi d'admettre le roi de Prusse dans la confédération du Rhin. »

Le 14 février 1810, il rend compte d'une conversation qu'il a eue avec le roi :

... Sa Majesté a continué en disant : « Je me trouve aussi à peu près sans coopérateurs pour mon travail intérieur, car mes ministres sont en général de très honnêtes gens, mais de bons buralistes et rien de plus, aucun n'a des vues, aucun n'a ni assez ma confiance ni celle du public pour agir convenablement dans les moments actuels et pour diriger l'opinion publique. Ce sont tous des gens nouveaux pour les affaires en grand, tous mes anciens ministres sont hors d'activité, les uns par leur faute et les autres par les circonstances qui ne permettent plus qu'ils prennent part aux affaires. J'avoue que celui que je regrette le plus, parce que je suis intimement convaincu, malgré tout ce qui s'est passé, qu'il est véritablement pénétré de la vérité que le seul intérêt de la Prusse est l'union intime avec la France, c'est le baron de Hardenberg, c'est un homme d'esprit, qui a la confiance générale, il ranimerait le crédit et aiderait plus qu'aucun autre à rétablir mes affaires. Certainement, je ne penserai jamais m'en servir de la manière la plus indirecte tant que je ne serai pas assuré que les impressions fâcheuses que Sa Majesté a reçues sur son compte ne sont pas dissipées et lui-même, je puis dire qu'il me fait crainte de me compromettre. Mais je vous serai très reconnaissant, M. le comte, de faire connaître à votre auguste souverain ce que je viens de vous en dire. J'espère que l'Empereur n'y verra qu'une marque d'entière confiance ; je sais qu'il a permis qu'on donnât des passeports au baron de Hardenberg pour les pays occupés par les troupes françaises, j'ai lu dans des journaux français des éloges de son administration dans les pays qui ont été de son département, et au surplus, si Sa Majesté impériale s'inclinait à approfondir les sentiments du baron de Hardenberg, je verrais avec le plus grand plaisir qu'Elle lui permît d'aller à Paris en simple voyageur, qu'elle daignât l'entendre, et ensuite, si Elle l'approuvait, sans le placer aux affaires étrangères, je le nommerais président du conseil où toutes les affaires se discutent et je me croirais sûr alors que la ligne de conduite que je me suis tracée serait exactement suivie dans tous les dicastères... »

Je n'ai pas à raconter, d'après les dépêches du comte de Saint-Marsan, l'histoire de la révocation de Hardenberg et des commencements de son administration en 1810. On y trouverait cependant des traits caractéristiques qui compléteraient le récit de Ranke. Celui-ci a publié (*l. c.*, p. 157) un fragment de la lettre adressée par Hardenberg au comte de Saint-Marsan. Qu'il me soit permis de l'insérer ici in-extenso d'après l'original (sans signature) conservé aux archives des affaires étrangères. Le comte rapporte le 8 mai 1810 :

« ... M. de Hardenberg... m'a fait dire hier au soir qu'il aurait désiré m'entretenir un moment et me remettre lui-même une lettre qu'il m'écrirait sur sa position personnelle ; je l'ai rencontré dans une maison hier, il m'a remis la petite note que je joins ici en original et sa communication n'a roulé que sur l'objet qu'elle contient... »

Voici la note de Hardenberg du 5 mai 1810 :

« Lorsque vous eûtes la bonté de me donner mes passeports, M. le comte, j'eus l'honneur de vous entretenir sur les événements qui m'ont attiré le mécontentement de S. M. l'Empereur Napoléon en 1805, sur la manière dont il fut manifesté lors du traité de Vienne et depuis lors des négociations de Tilsit, sur la conduite enfin que j'ai cru de mon devoir d'adopter en conséquence. Vous n'ignorez pas que je me suis tenu entièrement à l'écart de tout ce qui concerne les affaires et qu'à l'époque de l'arrivée du roi, je me suis éloigné afin d'éviter tout contact et l'occasion d'y être mêlé. Maintenant vous avez sans doute connaissance aussi des discussions qui viennent de me forcer à quitter ce rôle entièrement passif, le Roy m'ayant demandé, quoique je fusse absent, mon avis sur les questions des finances et sur différents plans agités pour satisfaire à ses obligations vis-à-vis de la France. Le moyen de m'y refuser sans blesser mes devoirs envers mon souverain et les sentiments qui m'attachent à tant de titres à son auguste personne ? Me voilà donc occupé à m'informer de tout pour pouvoir donner mon avis avec connaissance de cause. Mais le puis-je sans craindre que cela ne fasse sur l'esprit de S. M. Impériale une impression nuisible ? Je serais à jamais inconsolable si ma concurrence pourrait servir à augmenter les griefs qu'Elle a contre le roi, et mes appréhensions s'accroissent par le silence qui a suivi les ouvertures que le roi vous a chargé de faire de sa part sur son désir de me replacer à la tête des affaires, démarche faite entièrement à mon insu et que je n'ai apprise qu'à mon retour.

« Ces considérations étant de la plus grande importance, je suis d'autant plus reconnaissant de ce que vous avez bien voulu m'accorder un entretien, M. le comte. J'ose vous demander conseil avec confiance, et persuadé comme je le suis que toute espèce d'influence que je pourrais exercer dans les affaires n'entraînerait que des malheurs pour la Prusse dès qu'elle déplairait à S. M. l'Empereur et Roi, je vous prie de m'éclairer, s'il vous est possible, sur cet objet et de prendre même à la source des informations, s'il en est besoin. Les intentions de S. M. Impériale et Royale régleront absolument ma conduite. Mon inclination me porte vers le repos et la retraite, mais mon devoir m'appelle à vouer mon existence au Roi et à l'État du moment où je puis devenir utile dans la position critique où nous nous trouvons. Il me paraît absolument impossible qu'aucun homme sensé et bien pensant, quelle qu'ait été son opinion antérieure, puisse vouloir faire adopter à la Prusse tout autre système que celui de s'attacher de bonne foi à celui de l'Empereur et de n'attendre son salut que de lui. Je ne m'étendrai donc point sur ma profession de foi politique, satisfaire à nos obligations et mériter la confiance de S. M. Impériale et Royale pour ma conduite franche, loyale et conséquente, qui resserrera les liens malheureusement encore trop relâchés entre la France et la Prusse, voilà les bases sur lesquelles nous devons sans contredit rétablir notre édifice, voilà à quoi doivent tendre tous nos soins. Rien ne sera négligé pour remplir nos engagements, tous les moyens imaginables vont être employés avec zèle pour atteindre ce but. Le Roi se propose de consulter sur cet objet les meilleures têtes des provinces et grandes villes de la monarchie. Sa Majesté voudrait me charger de présider à cette convocation qui cherchera dans nos dernières ressources les moyens de satisfaire S. M. Impériale et Royale, et dont les membres, de retour chez eux, faciliteront, en opérant sur l'opinion publique, les sacrifices qu'exige l'acquittement de notre dette à la France.

« Mais oserai-je me charger même de ce rôle sans agir contre les intentions de l'Empereur? Ce ne sera qu'après en avoir acquis la certitude que je pourrai m'y vouer avec l'espoir de faire au moins quelque chose pour le système salutaire dont je viens parler, quoique sans doute je répondrais bien mieux du succès si le roi pourrait me remettre publiquement à la tête des affaires en me munissant de l'autorité nécessaire. Je n'ai pas besoin de faire observer à un homme aussi éclairé que vous, M. le comte, la grande différence qu'il y a d'un conseil donné ou d'une concurrence pour tel ou tel objet, à la faculté de tenir constamment la main et de veiller à l'exécution scrupuleuse et conséquente d'un système adopté. Je n'ai pas besoin de détailler les inconvénients qui doivent naître d'une influence sans responsabilité publique et sans pouvoir qui, en même temps, rendrait ma position infiniment pénible.

« Que S. M. Impériale daigne [se] prononcer sur la part que je pourrai prendre aux affaires. Ce sera donner au roi une preuve essentielle du retour de sa confiance et de ses bontés ! Il se conformera aux hautes intentions de l'Empereur et d'après celles-ci, ou bien je me renfermerai dans la retraite ou je travaillerai avec ardeur à rétablir sur des fondements solides ce système dont dépendent la guérison des profondes playes de la Prusse et son existence future. »

La décision de l'empereur ne se fit pas attendre. Le comte de Saint-Marsan reçut l'instruction suivante :

« Sa Majesté vous laisse la faculté d'approuver la rentrée de M. le baron de Hardenberg au ministère si, après avoir mûrement examiné la position actuelle des choses, vous jugez que la présence de ce ministère dans les conseils du roi puisse être utile aux intérêts de l'Empire. »

Hardenberg rentra au ministère et il se hâta de faire parvenir à l'empereur une lettre conservée en original aux archives des affaires étrangères :

« Sire,

« Votre Majesté Impériale et Royale a honoré ma rentrée au service du Roi, mon auguste souverain, de son approbation. Qu'elle daigne recevoir avec bonté l'hommage respectueux du sentiment que j'en éprouve ! Intimement convaincu que la Prusse ne peut être régénérée et n'assurer son intégrité et son bonheur futur qu'en suivant loyalement votre système, Sire, heureux de ne remplir les intentions du Roi qu'en m'appliquant de tous mes moyens à gérer les affaires dans ce sens, ce sera pour moi le comble de la gloire de mériter par là le suffrage de Votre Majesté Impériale et Royale et sa haute confiance.

« Je suis, avec le plus profond respect de Votre Majesté Impériale et Royale, le plus humble et le plus obéissant serviteur,

« Le baron DE HARDENBERG,

« Chancelier d'État de Sa Majesté le Roi de Prusse.

« A Berlin, le 7e de juin 1810. »

Il serait superflu, après tout ce que Duncker et Ranke en ont dit, de suivre ici les péripéties de la politique extérieure de la Prusse, depuis le moment de la rentrée du baron de Hardenberg jusqu'à la conclusion du traité du 24 février 1812. Je me borne à détacher des très nombreux documents conservés aux archives des affaires étrangères, à Paris, les trois suivants qui me semblent offrir un intérêt particulier :

Instructions générales pour M. le comte de Saint-Marsan.

(Minute.)

22 octobre 1811.

Lorsqu'à Tilsitt Sa Majesté rendit à la Prusse ses États et presque toutes ses places, Elle fut déterminée par cette considération que, déchue désormais et pour toujours du rang de puissance de premier ordre, la Prusse n'aurait à l'avenir d'autres intérêts que ceux de la France, ne se bercerait plus d'espérances qui ne devaient se réaliser jamais et substituerait aux illusions de la grandeur et à l'orgueil des grandes armées le désir de rendre son peuple heureux et de jouir, à la tête des monarchies de second ordre, de la sécurité et de l'indépendance que lui assurerait une politique sage, sans ambition et conforme à ses nouvelles destinées.

Tel paraissait être, en effet, depuis quelques années, le système de la Prusse. Nous l'avons vue exclusivement livrée aux soins de son gouvernement intérieur, chercher avec persévérance à fonder la prospérité publique sur le crédit, l'ordre et l'économie, et n'ambitionner que ces conquêtes paisibles que les États secondaires peuvent entreprendre avec succès et sans danger, parce qu'elles n'excitent ni jalousie ni haine et qui sont le fruit assuré d'une bonne administration.

Elle n'avait point à craindre d'être détournée par la France d'un but si digne de l'approbation de Sa Majesté.

Les incertitudes qui se sont élevées tout à coup sur le maintien de la paix du continent l'ont conduite à reporter ses regards sur sa situation politique. Placée entre deux grands empires qui réunissaient de nombreuses armées à la proximité de ses frontières, elle a senti qu'elle ne pouvait conserver son existence qu'en cherchant dans l'alliance de l'une de ces puissances la garantie et la protection qu'elle ne trouvait pas en elle-même.

Elle a alors tourné ses espérances vers la France : Sa Majesté, disposée à se rendre à ses vœux, autorise son ministre plénipotentiaire près la cour de Berlin à entrer à cet effet en négociation.

Cette négociation aura-t-elle pour objet l'accession de la Prusse à la confédération du Rhin ou la conclusion d'une alliance offensive et défensive ?

Cette question est la première qui se présente à l'examen.

L'accession de la Prusse à la confédération du Rhin la mettrait, à l'égard de la France, dans des relations parfaitement d'accord avec sa situation réelle. Elle serait ainsi naturellement placée dans la catégorie des puissances secondaires qui trouvent dans la protection de la France le complément de force dont elles ont besoin pour maintenir leur indépendance contre les efforts des puissances du premier ordre qui pourraient la menacer. Son existence serait garantie par le lien fédéral qui, en imposant à la France les obligations de puissance protectrice, lui donnerait en même temps le droit d'intervenir dans les affaires intérieures de la Prusse, droit que Sa Majesté n'a pas voulu exercer jusqu'à ce jour, mais qui n'en tient pas moins à l'essence de la confédération même. On croit avoir lieu de penser que cette manière de s'unir étroitement à la France n'est pas étrangère aux désirs de la Prusse, et cet objet est le premier sur lequel il y a lieu de s'entendre dans la négociation à ouvrir.

Mais, soit que l'alliance entre la Prusse et la France doive résulter d'un acte d'accession à la confédération ou d'un traité d'alliance offensive et défensive qui produirait les mêmes effets pour la Prusse, sans donner à l'empereur le droit de se mêler de ses affaires intérieures, l'alliance, sous quelque forme qu'elle existe, serait-elle dans l'intérêt de la France ? serait-elle dans l'intérêt de la Prusse ? L'examen de cette double question est essentiel, puisqu'il ne peut y avoir d'engagements durables entre deux États que lorsqu'ils sont cimentés par des intérêts réciproques.

La France, dans l'état actuel de sa puissance, de ses relations politiques, de l'établissement de ses forces militaires, est bien loin sans doute d'attacher à l'alliance un intérêt de même nature que celui de la Prusse, qui est un intérêt de conservation. La question serait donc posée d'une manière plus exacte relativement à la France si elle l'était dans ces termes : « La France a-t-elle intérêt à ne point s'engager dans une « alliance dont le principal but serait d'assurer et de garantir l'exis- « tence de la Prusse ? »

La France n'a aucun intérêt à ce qu'une autre maison que celle de Hohenzollern règne en Prusse, si celle-ci prend avec sincérité pour base de son système politique de ne rien faire qui soit contraire à la France. S'il en était autrement, la France n'aurait aucun motif pour s'allier avec la maison d'Hohenzollern et cette alliance serait sans garantie pour la Prusse, puisque la France, qui l'aurait contractée sans intérêt, n'aurait point d'intérêt à la maintenir.

Si, au contraire, les ports de la Prusse sont fermés, si le système continental y est établi, observé comme en France, si l'alliance a pour la France, en cas de guerre avec l'Angleterre, le même résultat que si les côtes de la Prusse lui appartenaient, la France n'aura aucune raison pour désirer que ces côtes n'appartiennent pas à la maison de Hohenzollern.

Si, en cas de guerre contre une puissance du continent, les armées françaises peuvent traverser les états de la Prusse avec une entière sécurité, si elles y trouvent pour leurs opérations, pour leur subsistance des ressources dont on n'userait toutefois qu'avec ménagement, si le système solidement établi en Prusse offre à la France les mêmes résultats que si le pays lui appartenait, elle n'aura aucune raison pour désirer que le pays n'appartienne pas à la maison de Hohenzollern. Elle aura, au contraire, intérêt à ce que la monarchie prussienne soit maintenue telle qu'elle existe et à s'engager dans une alliance dont le principal but serait d'assurer et de garantir l'existence de la Prusse.

Voyons maintenant quel sera l'intérêt de la Prusse.

Lorsque la France aura la guerre avec l'Angleterre, l'intérêt de la Prusse sera de rester neutre et même d'être amie avec l'Angleterre.

En cas de guerre entre la France et la Russie, la Prusse aura intérêt à rester neutre et à ce que son territoire soit inviolable.

Dans ces deux suppositions, la Prusse a donc un intérêt opposé à une alliance offensive contre l'Angleterre et la Russie.

Mais ni dans l'une ni dans l'autre de ces deux suppositions elle ne peut agir selon le sens de son intérêt absolu : elle ne peut rester neutre.

Si la France a la guerre avec l'Angleterre, le système continental doit être établi sur les ports et sur les côtes de la Prusse par la Prusse ou par la France.

Si la guerre a lieu entre la France et la Russie, la situation du territoire de la Prusse est telle qu'elle ne peut éviter d'y prendre part. Les deux armées ne peuvent s'atteindre que sur son territoire ou après l'avoir traversé. Elle ne tenterait pas d'arrêter la marche de toutes les deux, elle ne pourrait s'opposer à l'une qu'en s'unissant à l'autre. La Saxe, la Poméranie, le Mecklembourg, le duché de Varsovie, le pays de Danzig la laissent sans frontière. Il lui est impossible de se défendre en deçà ou au-delà de l'Oder, et même en deçà ou au-delà de la Vistule, sans appeler un secours auxiliaire.

La question n'est donc pas de savoir si la Prusse doit vouloir rester neutre, ce serait son intérêt, mais si, ne pouvant rester neutre, elle prendra parti pour la France ou pour la Russie.

Or, cette question ne paraît pas douteuse au ministère de Berlin ; elle ne l'est pas même pour la Russie, elle ne peut l'être pour aucune puissance.

En effet, au premier coup de canon, si la Prusse est l'alliée de la Russie, ou l'armée prussienne doit passer la Vistule, laissant des corps isolés à Colberg et en Silésie, et abandonnant dès lors les cinq sixièmes de la monarchie à la France, ou elle doit appeler une armée russe au camp de Spandau et fixer le théâtre de la guerre aux portes de la capitale.

L'abandon des cinq sixièmes de la monarchie sans combat serait sans doute un immense malheur. Mais tenter la lutte pour défendre Berlin serait un malheur plus grand, et cette dernière supposition, l'opinion de la Prusse même la repousse. Elle ne repousserait pas la première avec moins d'effroi. Les peuples humiliés et mécontents méconnaîtraient un gouvernement qui les aurait sacrifiés à son imprévoyance ou à ses passions. Ils l'accuseraient d'ingratitude, et, se voyant après quatre ans exposés aux mêmes désastres, tous leurs liens avec lui seraient rompus, et la France obtiendrait de la fausse politique de la

Prusse le résultat immense de ne plus compter d'ennemis entre la Vistule et le Rhin.

Il n'est donc pas de l'intérêt de la Prusse de s'unir, en cas de guerre, à la Russie. Nous disons plus, il n'est pas même de l'intérêt soit politique, soit militaire de la Russie de faire cause commune avec la Prusse. Sous le point de vue politique, la Prusse est un état intermédiaire dont l'existence et la conservation importent essentiellement aux intérêts à venir de la Russie. Cette vérité n'a besoin que d'être exprimée pour être démontrée. Or, rien ne pourrait compromettre davantage l'existence de la Prusse que son alliance avec la Russie. Sous le point militaire, la Russie, engagée par une alliance à faire entrer dans ses combinaisons les intérêts de son allié, ne pourrait se dispenser de comprendre le territoire de la Prusse dans son système de guerre. Or, il n'est aucun militaire en Europe qui ne soit persuadé que, la France disposant de Dantzig et du duché de Varsovie, la Russie seule se trouvera plus forte sur un champ de bataille derrière le Niémen, qu'elle ne le serait sur la gauche de l'Oder réunie aux troupes prussiennes.

Après avoir ainsi établi que la Prusse a intérêt à s'allier avec la France et que la France n'a point d'intérêt contraire à cette alliance, il reste à examiner quels avantages la France pourrait en retirer dans le cas très hypothétique où la guerre viendrait à éclater entre elle et la Russie.

L'alliance de la Prusse avec la France est utile à la France si la Prusse est sincère et si, dans la supposition de la guerre, elle assure à la France le concours et les avantages d'un pays ami et d'un allié fidèle.

La Prusse fournira 20,000 hommes et son alliance dispensera la France de laisser 20,000 hommes en Silésie : 15,000 sur Colberg et 5,000 sur Graudentz. A la vérité, 20,000 Prussiens ne vaudraient que 10,000 Saxons. Ils auront autant de discipline, de courage et d'honneur, mais on ne peut espérer que, dès la première campagne, ils soient animés du même esprit. Les 40,000 hommes qu'il aurait fallu laisser en Silésie et devant les places ne seraient pas du nombre de ceux sur lesquels la force de l'armée française est fondée et que l'empereur mettrait en ligne contre les Russes. Enfin la confiance ne sera pas telle qu'on ne soit obligé, pendant quelque temps, d'avoir un corps sur l'Elbe pour observer les corps prussiens qui seront restés devant Colberg et en Silésie ; cette partie des avantages de l'alliance est affaiblie sans doute par ces considérations, mais elle offrira toujours à la France une augmentation de force réelle qui mérite d'être mise en ligne de compte.

Ce n'est pas que l'alliance avec la Prusse n'ait aussi ses désavantages. On renoncerait, en cas de guerre, aux immenses ressources que la Silésie pourrait offrir à l'armée et la France laisserait échapper l'occasion d'organiser pour jamais un état ami, fidèle et allié nécessaire sur le territoire dont elle deviendrait maîtresse et sur les ruines d'une monarchie qui s'est montrée si fréquemment disposée à faire cause commune avec nos principaux ennemis.

Cette comparaison des avantages et des désavantages de l'alliance ne laisse pas l'esprit sans incertitude.

Cependant, après de profondes réflexions, on croit pouvoir regarder comme constant :

1º Qu'il serait de l'intérêt de la Prusse d'être neutre, mais qu'elle ne peut pas l'être ;

2º Que, se trouvant dans la nécessité de s'allier à une puissance, elle doit s'allier plutôt à la France qu'à la Russie ;

3º Que, quant à la France, les avantages et les désavantages de l'alliance sont balancés, mais que, cependant, la balance des avantages peut pencher du côté de l'alliance si la Prusse agit avec confiance, avec sincérité, avec abandon ; si elle n'a en Silésie et devant Colberg que le nombre de forces strictement nécessaire pour ne donner aucune inquiétude à la France et si elle remplit les deux objets importants de placer ses côtes et son territoire dans la même situation que s'ils appartenaient à la France. Une alliance qui ne garantirait pas ces résultats dans toute l'étendue dont ils sont susceptibles serait inutile, dangereuse, contraire aux intérêts de la France et ne pourrait être conclue.

A mesure que les nuances se fortifient ou s'affaiblissent dans l'un ou l'autre sens, la balance change à l'avantage ou au désavantage de l'alliance. Si par exemple l'alliance avait lieu sans que la France eût les places de l'Oder ; si les armées françaises ne pouvaient passer à Berlin et étaient obligées de marcher par des détours ; si les réquisitions ne devaient être faites que par les autorités prussiennes qui pourraient compromettre le salut de l'armée dans des moments importants ; si les commandants français, sur les lignes d'opération, devaient avoir sur leurs derrières des corps plus forts que les corps français, il deviendrait alors certain qu'il serait plus avantageux à la France d'avoir la Prusse pour ennemie dans une guerre contre la Russie que de l'avoir pour alliée à de telles conditions, car il n'y a qu'un imprudent comme Belle-Isle qui puisse s'aventurer dans un pays sans en occuper les forteresses et sous la garantie d'une puissance étrangère.

Mais les places de l'Oder sont dans nos mains et cette difficulté n'existe point. Graudentz est effacé par Modlin et surtout par Dantzig et il est indifférent à la France que la Prusse remette cette place ou la conserve. Ainsi l'occupation des places de l'Oder, qui paraissait si calamiteuse à la Prusse, est pour elle une circonstance de salut, car il faudrait qu'elle les remît pour première condition de l'alliance ou qu'elle souscrivît sa ruine en se décidant à la guerre.

Une alliance avec la Prusse n'est donc favorable pour la France qu'autant que la possession des places de l'Oder donne une entière sécurité sur les lignes d'opération, qu'à l'exception de la Silésie et de Colberg, il n'y a dans tout le pays d'autres troupes que les milices et que les gouverneurs ont pour instruction de faire tout ce qui est nécessaire pour faciliter les opérations de l'armée. Avec ces conditions, les inconvénients de l'alliance disparaissent, elle concilie tous les intérêts et elle peut produire tous les avantages dont elle est susceptible. C'est cette alliance que Sa Majesté autorise à négocier et à conclure.

La Prusse étant alliée de la France, ce qui est dans l'intérêt de la France est dans l'intérêt de la Prusse. Si les corps de Silésie et de Colberg sont peu nombreux, si tout seconde l'empereur, il arrivera avec toutes ses forces et comme un torrent sur le Niémen. La lutte sera bientôt décidée, la Prusse n'aura supporté qu'un fardeau passager et le poids de la guerre pèsera tout entier sur le pays conquis.

Si, au contraire, la France est obligée de laisser de gros corps pour observer la Silésie et Colberg, l'empereur ne fera qu'en deux ou trois campagnes ce qu'il peut faire en une seule, et la prolongation de la guerre sera toute au détriment de la Prusse.

La Prusse doit avoir confiance en l'empereur, qui lui a déjà restitué ses provinces, mais il ne serait pas raisonnable d'exiger de l'empereur la même confiance en la Prusse et de vouloir qu'il fût assez imprudent pour laisser entre ses frontières et son armée des centaines de lieues d'un pays dont la conduite ne lui serait pas solidement garantie. Il ne demandera point ce que ferait la Prusse si elle se trouvait dans la même position qu'en 1740, mais il demande que, pour son propre intérêt, la Prusse évite tout ce qui pourrait laisser sur ses sentiments la plus légère incertitude.

Sa Majesté aurait pu détruire la Prusse, elle ne l'a pas voulu. Elle n'a pas intérêt à le vouloir, si la Prusse ne sort pas de sa position naturelle. Enfin, elle ne le veut point parce qu'elle veut former un système qui mette la Prusse au premier rang des puissances de second ordre. Les avantages de ce système lui sont démontrés, et c'est pour les obtenir que Sa Majesté, fermant les yeux sur toute autre considération, consent à l'alliance que la Prusse a désirée.

La Prusse veut-elle être puissance de premier ordre ? Qu'elle fasse la guerre, si la guerre lui offre une seule chance pour parvenir à son but !

Veut-elle, dans l'attitude d'une puissance de second ordre, attendre les avantages que peuvent lui procurer les vicissitudes des choses humaines ? Qu'elle soit calme et sincère et qu'elle se persuade bien que si, contre toutes les espérances qu'il est permis de concevoir, la guerre se déclarait en effet entre la France et la Russie, les circonstances deviendraient tellement fortes qu'une seule démarche équivoque de la part de la Prusse donnerait à la question un tout autre aspect. Elle pourrait forcer la France, pour son propre intérêt et pour le salut de la guerre, à faire ce qu'elle n'a pas fait et que, dans la situation des choses telles qu'elles doivent être, elle n'aura jamais ni l'intérêt ni la volonté de faire.

Instructions particulières pour M. le comte de Saint-Marsan.

(Minute.)

22 octobre 1811.

Les relations politiques actuelles de la France et de la Prusse sont établies par le traité de Tilsitt et la convention de Paris.

Traité de Tilsitt (9 juillet 1807).

Art. 27. « Jusqu'au jour de l'échange des ratifications du futur traité « de paix définitive entre la France et l'Angleterre, tous les pays de la « domination de S. M. le Roi de Prusse seront, sans exception, fermés « à la navigation et au commerce des Anglais. »

« Aucune expédition ne pourra être faite des ports prussiens pour les « ports britanniques, ni aucun bâtiment venant de l'Angleterre ou de ses « colonies être reçu dans les dits ports. »

(Articles secrets.) Art. 2. « Sa Majesté le roi de Prusse s'engage à « faire cause commune avec la France contre l'Angleterre, si, au premier « décembre, l'Angleterre n'a point consenti à conclure la paix à des « conditions réciproquement honorables pour les deux nations et con-« formes aux vrais principes du droit maritime, et alors il sera fait « une convention spéciale pour régler l'exécution de la stipulation ci-« dessus. »

Convention de Paris (8 septembre 1808).

Art. 15. « Sa Majesté l'Empereur et Roi garantit à Sa Majesté le roi « de Prusse l'intégrité de son territoire moyennant que Sa Majesté le « Roi de Prusse reste le fidèle allié de la France. »

(Art^{es} secrets.) Art. 5. « En retour de la garantie stipulée dans le « traité de ce jour et comme condition de l'alliance contractée avec la « France, Sa Majesté le Roi de Prusse promet de faire cause commune « avec Sa Majesté l'Empereur des Français, si la guerre vient à se « déclarer entre lui et l'Autriche, et, dans ce cas, de mettre à sa dispo-« sition une division de seize mille hommes, tant infanterie que cava-« lerie et artillerie. »

La convention spéciale mentionnée par le 2e article secret du traité de Tilsitt n'a pas été conclue.

Par un acte du 1er décembre 1807, le roi de Prusse a déclaré « que, « jusqu'au terme d'un accommodement général et du rétablissement de la « paix définitive entre les puissances belligérantes, il n'y aura plus « aucun rapport entre la Prusse et l'Angleterre. »

Il résulte de ces dispositions ci-dessus :

1° Que le roi de Prusse est déjà engagé à se conformer au système continental ;

2° Que l'intégrité de ses États est déjà garantie ;

3° Que les deux puissances se trouvent déjà en état d'alliance.

Mais la convention spéciale qui devait régler la manière dont la Prusse ferait cause commune avec la France contre l'Angleterre n'a point encore été conclue et le cas de l'alliance qui résulte de la convention du 8 septembre 1808 n'existe plus.

C'est dans cette situation de choses que le roi de Prusse a témoigné le désir de resserrer d'une manière plus étroite et plus générale ses liens avec la France[1]. Il a proposé une alliance offensive et défensive pour toutes les guerres qui ne seraient pas étrangères aux intérêts de sa monarchie et où la France se trouverait engagée soit en Allemagne, soit sur les confins de la Prusse, et il a présenté, comme pouvant former les conventions de cette alliance, les propositions suivantes :

1° L'intégrité de l'état actuel des possessions prussiennes serait garantie ;

2° Sa Majesté assurerait à la Prusse l'assistance et les secours nécessaires toutes les fois qu'ils seraient réclamés ;

3° Elle ferait entrer dans l'alliance les membres de la Confédération du Rhin et le duché de Varsovie ;

4° La Prusse fournirait un corps de troupes auxiliaires dont la force serait convenue ;

5° Les troupes seraient sous le commandement et les ordres d'un officier supérieur de leur nation et sous les ordres immédiats du commandant en chef de l'armée alliée ;

6° Les troupes françaises qui traverseraient la Prusse marcheraient par les routes militaires stipulées conformément aux conventions existantes ;

7° Sa Majesté Impériale aurait égard à la réclamation de la restitution de Glogau qui, aux termes des traités, est en ce moment dans le cas d'être évacué ;

8° Pour la mise sur pied du corps auxiliaire, Sa Majesté accorderait au roi de Prusse une remise proportionnée de la contribution, et sa cessation entière dès que la guerre éclaterait en effet.

9° L'article de la convention du 8 septembre 1808, qui empêche l'augmentation de l'armée prussienne, serait révoqué.

10° L'Empereur consentirait à ce qu'une partie de la Silésie voisine des États autrichiens fût déclarée neutre, pour servir, en cas de nécessité, d'asile au roi de Prusse et à sa famille. Sa Majesté s'emploierait à cet effet partout où il serait besoin.

11° Quant à la participation de la Prusse aux avantages qui résulteraient de la guerre, en cas de succès, le Roi s'en remet à la justice et à l'amitié de l'Empereur.

Sa Majesté est disposée à accéder aux vœux du roi de Prusse pour l'alliance ; mais elle envisage la question sous un rapport plus étendu, et elle juge convenable que la négociation à intervenir renouvelle, pour

---

1. Cf. Ranke : Hardenberg, *l. c.*, p. 192-194, M. Duncker, *l. c.*, p. 360. La première communication du chancelier d'État de Hardenberg vis-à-vis du comte de Saint-Marsan datait du 22 mars 1811. V. la dépêche du comte de Saint-Marsan du 24 mars 1811.

leur donner une exécution plus complète, les engagements d'une alliance contre l'Angleterre, non d'une alliance pour la guerre actuelle seulement, telle qu'elle existait, mais pour toutes les guerres à venir dans lesquelles l'Angleterre aurait pour but de faire prévaloir les principes destructeurs des droits des neutres et de la souveraineté des puissances du continent, et renouvellerait ainsi l'injuste entreprise qu'elle soutient aujourd'hui. Cette alliance doit être le premier objet, l'objet immédiat et ostensible de la négociation.

La situation actuelle des affaires à l'égard de la Russie permettant encore à Sa Majesté l'espérance d'éviter la guerre et ses sentiments la portant à ne pas compromettre cet espoir, elle ne se détermine à entrer dans les arrangements d'une alliance éventuelle contre la Russie que par les motifs qui sont déjà connus de son ministre.

La partie de la négociation pour l'alliance contre l'Angleterre doit être établie sur les principes du système continental. L'obligation de fermer les ports aux vaisseaux et au commerce anglais sera renouvelée. La prohibition des marchandises anglaises et des denrées coloniales sera établie et exécutée avec encore plus d'exactitude et de sévérité qu'elle ne l'a été jusqu'à ce jour. Il sera particulièrement stipulé que les marchandises anglaises et les denrées coloniales seront repoussées de la frontière de Russie par une surveillance active et efficace.

Les dispositions relatives à ce premier objet de la négociation n'étaient pas comprises dans les premières propositions faites par le roi de Prusse; mais elles ne peuvent éprouver aucune difficulté, puisqu'elles ne feront que constater et compléter ce qui existe, et qu'elles constitueront pour ainsi dire la convention spéciale qui devait être faite pour l'exécution de l'article 2 des articles secrets du traité de Tilsitt.

Quant au second objet de la négociation, il se rapporte précisément aux propositions du roi de Prusse, et il pourra donner lieu à quelques discussions, puisque les intentions de Sa Majesté diffèrent sur plusieurs points des propositions du roi. Il convient en conséquence d'entrer dans des développements plus étendus.

Les conditions désirées par le roi de Prusse se composent de onze propositions distinctes et telles qu'elles ont été établies ci-dessus.

Les deux premières, qui ont pour objet d'assurer au roi l'intégrité de ses possessions et l'assistance de Sa Majesté Impériale en cas de besoin, ne sont susceptibles d'aucune difficulté.

La troisième, par laquelle le roi demande l'accession à l'alliance des membres de la Confédération, est sans objet, puisque l'alliance, avec l'Empereur comme protecteur de la Confédération, assurant, en cas de nécessité, l'emploi de tous les moyens dont il peut disposer, il arriverait toujours, comme dans la guerre de Russie, si elle doit avoir lieu, que les membres de la Confédération concourraient à la défense de sa cause que l'alliance aurait rendue commune. Il sera d'ailleurs facile de faire sentir à la Prusse que l'alliance de Sa Majesté lui offre une garantie si puissante qu'elle n'a pas besoin de recourir à aucune autre intervention.

La quatrième et la cinquième proposition sont relatives au corps de troupes auxiliaires qui serait fourni par la Prusse. Elle désirerait que ce corps fût sous les ordres d'un officier général prussien, qui serait lui-même sous les ordres du commandant général de l'armée. Ce désir a été exprimé dans la supposition que Sa Majesté exigerait que le corps auxiliaire fût d'une force assez considérable pour exister par lui-même comme corps et pour faire la guerre dans une situation indépendante.

Sa Majesté, au contraire, pour ménager la Prusse et ne pas l'entraîner dans des dépenses au-dessus de ses moyens, se contenterait d'un corps de vingt mille hommes, savoir : douze mille d'infanterie, six mille de cavalerie et deux mille d'artillerie avec cent pièces de canon. L'emploi d'un corps aussi faible ne peut être prévu d'avance. Il ne peut donner lieu à aucun engagement spécial. Il doit pouvoir être employé de la manière que les différentes circonstances de la guerre feront juger la plus favorable.

Par la sixième proposition on voudrait que l'armée française ne pût marcher que par les routes militaires qui ont été stipulées. Cet engagement apporterait des entraves aux combinaisons de la guerre. Les routes stipulées ne se prêteraient pas à toutes les opérations que les circonstances pourraient rendre nécessaires. Si la guerre a lieu et si de nouvelles routes militaires sont indispensables, l'administration de l'armée prendra, selon les circonstances et d'accord avec l'administration prussienne, des mesures qui ne peuvent être dans l'intérêt d'une des deux parties sans être en même temps dans l'intérêt de l'autre.

L'objet de la septième condition est la restitution de Glogau.

Dans la supposition de l'alliance, l'occupation des places par les troupes françaises ne peut porter aucun ombrage à la Prusse. Dans la supposition de la guerre, tout ce qui peut être jugé convenable pour le succès de la guerre et la défense du pays entre dans l'intérêt de la Prusse. Il doit lui suffire que le but de l'alliance soit atteint. Toute disposition de cette nature est toujours déterminée par les opérations et les circonstances du moment et ne peut former l'objet d'un engagement pris d'avance.

La huitième et la neuvième proposition ont été faites comme l'a été la cinquième dans la supposition que le corps auxiliaire de Prusse serait un corps d'armée.

On conçoit en effet que, dans ce cas, Sa Majesté aurait voulu ajouter aux moyens de la Prusse en allégeant le poids de ses engagements, mais Sa Majesté étant portée à ne demander qu'un corps de vingt mille hommes pour mesurer les services qu'elle attend de la Prusse aux ressources de cette puissance et ne demandant réellement qu'une partie de l'armée que la Prusse entretient aujourd'hui, le nombre d'hommes qui prendront part à la guerre ne sera pas un nouveau fardeau pour elle et les moyens dont elle dispose ne seront pas détournés de leur emploi.

La demande de la Prusse est d'ailleurs étrangère à la négociation de l'alliance et aux avantages que s'en proposent les deux parties dans un intérêt commun.

Quant à la révocation de l'article de la convention, qui fixe la force de l'armée prussienne à 42,000 hommes, il est inutile de prendre cette proposition en considération, parce que l'état militaire actuel de la Prusse suffit pour le moment et qu'on n'exige pas comme condition de l'alliance qu'elle augmente son armée.

Le roi de Prusse demande que la partie de la Silésie voisine des États autrichiens soit déclarée neutre pour servir d'asile à lui et à sa famille. C'est l'objet de la 10e proposition.

On comprend difficilement comment la Silésie pourrait être déclarée neutre. Il faudrait à cet effet le concours de toutes les puissances belligérantes et on ne peut entrevoir le moyen de procurer à la Prusse l'assentiment de la Russie.

Sa Majesté ne fera aucune difficulté de s'engager à ne pas faire entrer les troupes françaises en Silésie. Elle accède ainsi au désir du roi de Prusse en ce qui dépend d'elle. Elle ne peut prendre que les engagements qu'il est en son pouvoir de remplir.

Par sa dernière proposition, le roi s'en remet à la justice et à l'amitié de l'Empereur sur les avantages qu'il pourrait obtenir si la guerre avait une heureuse issue. Sa M. I. accepte ce témoignage de la confiance de son allié.

Cet examen des conditions proposées par la Prusse a non seulement fait connaître celles qui ne peuvent être admises ou devraient être modifiées, mais on a pu voir déjà sur quelles bases S. M. pense que la négociation peut être ouverte.

Les deux projets d'articles ci-joints ont été rédigés pour présenter avec plus de clarté dans leur ensemble et dans leurs détails les conditions qui pourraient être admises.

Ces deux pièces consistent :

1° Dans un projet de traité d'alliance générale qui embrasse tous les cas où l'alliance peut avoir lieu ;

2° Dans un projet de convention pour l'application de l'alliance dans le cas d'une guerre avec la Russie.

Le projet de traité se compose de plusieurs parties distinctes.

Premièrement. Les conditions générales de l'alliance offensive et défensive (art. 1 et 2).

Secondement. Les engagements réciproques pour le cas de la guerre actuelle contre l'Angleterre (art. 3, 4, et 5).

Troisièmement. Les engagements à exécuter dans le cas des guerres futures contre l'Angleterre (art. 6, 7, 8, 9 et 10).

Les dispositions de ces trois premières parties sont fondées sur des principes reconnus et déjà établis entre les deux puissances par les traités antérieurs, et ne peuvent être susceptibles de discussion que quant à la forme et à la rédaction.

Quatrièmement. Les stipulations rel..ives au cas de guerre de l'une ou l'autre des deux puissances contre l'Autriche (art. 11).

Les dispositions de cet article ne diffèrent de celles déjà stipulées par l'article cinquième des articles secrets de la convention du 8 septembre 1808 qu'en ce que le contingent à fournir par la Prusse est porté de 16 à 24,000 hommes.

Cinquièmement. Le renvoi à des conventions spéciales pour l'application de l'alliance dans le cas de guerre contre la Russie ou contre toute autre puissance (art. 12).

Sixièmement. La détermination des forces qui seront employées par Sa Majesté dans tous les cas de l'alliance (art. 13), Sa Majesté s'engageant à employer toutes les forces disponibles. Cet article offre un tel avantage à la Prusse qu'il doit être encore plus que les précédents à l'abri de toute discussion.

La seconde pièce jointe aux instructions a été rédigée pour l'application de l'article 12 du projet de traité au cas de guerre contre la Russie. Les détails dans lesquels on est entré dans les articles de cette convention et les instructions soit générales, soit particulières, rendent tout développement superflu.

Après avoir lu ces instructions avec attention, il ne pourra rester à M. le comte de Saint-Marsan aucune incertitude sur les intentions de Sa Majesté.

Si l'empereur consent à une alliance offensive et défensive, c'est surtout pour satisfaire au vœu exprimé avec tant d'instance par le roi de Prusse. C'est aussi afin de rendre à ce prince la confiance dont il a besoin pour ne pas se jeter dans de fausses démarches qui entraineraient inévitablement sa perte.

Si Sa Majesté est dans la nécessité de faire la guerre, Elle y suffira elle-même et Elle n'a pas besoin de l'armée prussienne. Elle ne veut trouver pour la guerre d'autre avantage dans l'alliance que la sécurité de ses mouvements dans un pays ami et la facilité de nourrir ses troupes dans des provinces dont les ressources seront conservées et où l'administration ne sera point désorganisée, comme cela arriverait nécessairement dans les premiers moments de la guerre si le pays était ennemi.

Il faut donc parvenir à désabuser le cabinet prussien de cette manie militaire qui porterait le roi à transformer tous ses sujets en soldats. Il doit être facile de faire entendre aux ministres qu'un ordre de choses qui dispense d'un grand établissement militaire est le seul favorable au rétablissement du crédit et au succès d'une bonne administration.

Le but de la négociation doit être que la Prusse entre dans l'alliance avec le moins de troupes possible et qu'elle conserve toutes ses ressources afin de pourvoir le plus possible aux besoins de l'armée.

Ce dernier objet obtenu ne sera pas, à la vérité, le seul avantage que procurera l'alliance, si elle engage le roi de Prusse plus étroitement que jamais à garantir ses vastes côtes et ses frontières de terres des irruptions du commerce anglais. La Prusse est appelée par sa situation à rendre d'importants services au système continental. C'est sous ce rapport que son alliance est réellement utile à la France, et cette utilité qu'on ne peut s'empêcher de reconnaître, et qu'elle reconnaît sans doute elle-même, doit, autant que l'alliance, dissiper ses craintes sur les dispositions de Sa Majesté à son égard.

M. le comte de Saint-Marsan, après avoir reçu ces instructions, fera connaître au ministre qu'il a les pouvoirs pour traiter et qu'il est prêt à entrer en négociation. Si les propositions du roi lui sont de nouveau présentées, il en fera l'objet de ses observations. Il les discutera dans l'esprit de ses instructions, il développera ensuite successivement les conditions que Sa Majesté Impériale croit pouvoir accorder. Il portera dans la discussion beaucoup de formes et d'égards. Il ne précipitera rien. Il laissera aux ministres prussiens tout le temps de s'expliquer, et, loin de les presser, il mettra ses soins à favoriser leur lenteur naturelle. Il rendra compte chaque jour de la situation de la négociation. Lorsqu'il sera au moment d'arriver à la conclusion, il rédigera les projets de traité et de convention qui doivent passer plusieurs fois sous les yeux de Sa Majesté.

Tandis que le gouvernement de la Prusse, cerné par un réseau de troupes françaises, attendait avec une anxiété bien naturelle le résultat définitif des négociations entamées, un membre de la noblesse prussienne saisit le moment favorable pour faire parvenir au chancelier d'État de Hardenberg ses conseils, opposés directement aux intentions des adversaires patriotiques de la domination française. C'était le prince de Hatzfeld, jadis gouverneur de Berlin. On sait qu'après l'affaire de son arrestation et de sa mise en liberté, en 1806, il s'était rapproché des autorités françaises. Accusé par le gouvernement prussien à cause de sa conduite antérieure [1], l'empereur le mit sous sa protection en déclarant qu'en attaquant le prince de Hatzfeld on s'attaquerait à lui-même. Ni le roi ni le chancelier d'État ne lui étaient favorables, mais ils le chargèrent après la naissance du roi de Rome de porter à Paris des félicitations officielles. Le comte de Saint-Marsan ne savait pas assez se louer de sa fidélité. Vers la fin de l'année 1811 il espéra, ses dépêches en font foi, le voir ministre des affaires étrangères. En transmettant la pièce qu'on va lire, à Paris, il écrit au duc de Bassano (le 30 janvier 1812) :

« Le baron de Hardenberg a eu la complaisance de me lire en entier le rapport que M. de Krusemarck a fait au roi de la longue conversation que Sa Majesté l'empereur a daigné avoir avec lui [2]... J'ai pris cette

---

1. On imputa au prince de Hatzfeld la perte de 20,000 fusils enlevés par les Français après l'occupation de Berlin en 1806.
2. 17 décembre 1811.

occasion pour lui dire, d'une manière tout à fait confidentielle, que, pour éviter le risque que l'esprit du roi soit ramené à des craintes pernicieuses et à de fausses démarches, il fallait éloigner les intrigants et placer à la tête des dicastères des hommes fermes et vraiment attachés à leur pays. Il m'a paru qu'il est déterminé à y travailler. Le prince d'Hatzfeld lui a donné un mémoire à cet objet, dont Votre Excellence trouvera copie ci-jointe. Le tableau que le prince y fait est, on peut dire, d'une grande vérité, à part quelques exagérations qui peuvent avoir été dictées par la manière de voir du prince qui a été personnellement persécuté par quelques-uns de ces messieurs... Votre Excellence verra aisément, par ce mémoire même, que le prince Hatzfeld vise au ministère des affaires étrangères... »

C'est de ce mémoire que parle une lettre de Louis d'Ompteda adressée au comte de Münster (à Berlin, ce 1er février 1812)[1] :

« En attendant, le parti français prenait toujours plus de consistance, et se croyait si sûr de sa victoire, que le prince Hatzfeld avait déjà formé une liste de proscription de plusieurs personnes actuellement dans l'administration. Il l'avait remise au baron de Hardenberg et le ministre de France en avait aussi pris copie. Le comte Goltz se trouve parmi les rayés et sa place ne fut pas remplacée par un autre nom. Il est très probable que le prince Hatzfeld y vise, n'ayant cependant, pour aspirer à cette place, d'autre mérite que celui d'avoir une fortune très considérable, et de s'être voué bassement à la France.... »

Voici le mémoire émané de la plume du prince de Hatzfeld. Je corrige les fautes du copiste qui souvent n'a pas su déchiffrer les noms propres[2]. Après avoir renvoyé les lecteurs français aux manuels historiques et biographiques, je me dispense d'accompagner la pièce suivante d'un commentaire spécial :

Copie d'un projet d'organisation intérieure pour la Prusse, après la conclusion de l'alliance avec la France, donnée au chancelier d'état, baron de Hardenberg, par le prince de Hatzfeld.

6 janvier 1812.

Nos relations avec la France étant sur le point d'être fixées d'une manière déterminée et une alliance étroite de système et d'intérêt devant en être la suite, il me paraît que les personnes employées dans les places marquantes du gouvernement prussien ne peuvent et ne doivent se cacher que la perte de la Prusse est inévitable, si après

---

1. V. *Politischer Nachlass des hannoverschen Staats- und Cabinets Ministers Ludwig von Ompteda aus den Jahren 1804 bis 1813, veröffentlicht durch F. von Ompteda.* Iéna, Frommann, 1869, II, 206.
2. Il écrit par exemple Grühner au lieu de Gruner, cf. la notice biographique sur Justus de Gruner (1777-1820) dans l'*Allgemeine deutsche Biographie*. T. X.

l'alliance signée l'on pouvait une seule fois encore vaciller dans ce système adopté par convention et par choix, et qu'il n'y a qu'un abandon total et loyal, sans regret pour le passé, sans inquiétude pour l'avenir, qui puisse faire espérer de cette alliance des résultats heureux pour la Prusse.

Je crois ne pas me tromper lorsque je mets en avant qu'aujourd'hui Sa Majesté l'Empereur est portée à nous accorder de la confiance, et qu'elle s'est convaincue que nous pouvons devenir vraiment utiles à ses intérêts, mais nous ne devons pas nous cacher que, par notre faute et par les faits précédents, cette confiance n'a pas, à beaucoup près, encore acquis le degré de consistance auquel il faut tâcher de parvenir, et que c'est surtout à notre manière d'agir après la signature qui fixera son opinion à cet égard.

Notre avenir dépend du plus ou moins de confiance que nous obtiendrons, voilà ma conviction bien prononcée; si nous la gagnons en entier, si dès ce moment nous sommes ce que nous devons être après le pas décisif que nous allons faire, les destinées de la Prusse peuvent encore devenir glorieuses, il n'existe pas un autre moyen de recouvrer une partie de l'éclat et de la grandeur qui nous environnaient autrefois et je pense que, là-dessus, tous les gens sensés exempts de passion et de préjugés ne peuvent avoir qu'une opinion. Cette vérité une fois établie, il est absolument nécessaire :

1° Que d'abord, après la signature des traités, que tous ceux qui sont employés dans notre gouvernement, et sur lesquels l'opinion est fixée à Paris de manière à être connus par leur haine exaspérée contre la France et pour être membres de la secte fanatique connue sous la dénomination de *frères de la vertu*, soient éloignés sans la moindre exception et sans délai, non seulement de toute influence d'affaires, mais aussi de Berlin même, où ils ne peuvent qu'être nuisibles sous tous les rapports.

Cette mesure me parait d'autant plus urgente, que nous devons prévoir que, si nous manquions le moment de nous faire un mérite réel de cette mesure que notre position intérieure réclame tout autant que notre position extérieure, puisque jamais ces gens ne cesseront de remuer, la demande nous en serait peut-être faite plus tard comme absolument nécessaire au système adopté, et qu'alors Sa Majesté le roi serait compromise.

2° Que dans toutes les places marquantes et influentes dont il faudra composer le gouvernement prussien, après l'éloignement de ceux-ci, il n'y en ait plus une seule sur laquelle l'opinion de la France et du public se soit établie de la manière la moins douteuse, non seulement quant à leurs opinions politiques, mais aussi quant à la sagesse de leur conduite dans les factions intérieures.

Ces deux mesures, qui doivent marcher de front, prouveront plus que toute autre chose à Sa Majesté Impériale que la Prusse a pris son parti irrévocablement, et elles auront l'avantage de prouver aux fanatiques de tous les partis que Sa Majesté le roi est déterminée enfin à faire punir sévèrement tous ceux qui seraient encore tentés d'avoir la folie de sauver la Prusse à leur manière.

Les personnes en place qui, d'après mon opinion, devraient être éloignées des affaires et de Berlin sans délai, sont :

Le général Scharnhorst, faisant jusqu'ici les fonctions de ministre de la guerre, que l'opinion publique et générale nomme comme l'un des chefs de la secte qui a fait tant de mal à ce pays-ci et dont les ramifications sont déjà connues dans les pays étrangers. M. de Scharnhorst s'est fait d'ailleurs connaître dans toutes les occasions par un acharnement sans bornes contre la France, et l'homme d'état qui se laisse ainsi emporter par la passion est à coup sûr incapable de conduire aucune affaire dans notre position actuelle.

Le conseiller d'état Sack, sur lequel je ne puis que répéter ce que je viens de dire de M. de Scharnhorst, et qui déjà, lors de l'occupation française, s'est fait connaître à tous les employés du gouvernement français d'une manière si désavantageuse que, d'après l'esclandre qui a eu lieu alors[1], je n'ai jamais pu concevoir comment il était possible de le laisser en évidence et de lui donner la direction d'un département dans lequel il n'a pas laissé échapper une seule occasion de prouver combien peu il connaissait les intérêts politiques du roi et de la Prusse.

Le conseiller d'état Gruner, directeur de la police secrète, connu pour être un membre marquant de la secte et noté pour sa haine contre la France. Son éloignement est nécessaire puisqu'il faut enfin savoir ce qui se passe, mettre fin au jacobinisme allemand qui nous tourmente depuis si longtemps, ce qui est impossible, comme les faits l'ont prouvé, tant que M. Gruner conservera sa place et qu'on lui permettra d'influencer impunément l'opinion.

Le colonel Gneisenau, connu pour être un homme de tête et d'esprit, mais lié intimement avec M. de Scharnhorst et avec tout ce qu'il y a de plus marquant dans la secte, sectaire lui-même d'après l'opinion générale, fanatique dans sa haine contre la France et suspect par toutes ses liaisons. Son éloignement est d'autant plus pressant que c'est le seul dont le nom est marqué par quelques talents, et que, par là même, il est plus dangereux que les autres pour l'opinion publique, qui, aujourd'hui, ne doit pas avoir d'autre direction que celle du gouvernement.

M. de Boyen, aide de camp du roi, créature aveugle de la secte, ne se donnant pas même la peine de cacher ses opinions et sa haine contre la France ; il a fait dans les derniers temps tout ce qui était en son pouvoir (voilà au moins l'opinion générale et publique) pour paralyser les ordres précis du roi et pour amener des faits qui, par leur nature,

---

1. Sur le conflit de Sack et de Daru éclaté en 1808, voyez Hassel, *l. c.*, p. 168-171.

devaient immanquablement provoquer la ruine et la dissolution de ce pays.

Le conseiller d'état Stægemann, placé par M. de Stein, son ami et son protecteur. Il en a toujours suivi fidèlement les principes et la marche. Il s'est rendu suspect par quelques étourderies assez virulentes qui ont été connues à Paris, et, si même depuis quelque temps il est devenu plus prudent, il est vraisemblable au moins que son opinion ne changera jamais. Sa place, à la vérité, est peu influente, mais, lorsque déjà on s'occupe à purifier le terrain, il vaut mieux faire la chose en entier.

Je ne puis pas juger de ses talents, que je n'ai jamais été dans le cas d'apprécier, mais, à en juger d'après l'opinion publique, je devrais croire qu'il ne sera pas très difficile de le remplacer.

Plus tard, il y aura bien encore dans l'intérieur plusieurs éloignements nécessaires à faire, comme, par exemple, les deux directeurs de police à Francfort-sur-l'Oder et à Breslau, de même que le président Merckel à Breslau, l'un des frondeurs les plus déterminés et les plus audacieux que nous ayons dans le pays, mais cela s'arrangera bien vite lorsque la nouvelle organisation intérieure sera fixée et que les chefs qui seront à la tête des différents départements feront la recherche des individus qui y sont employés, et lorsqu'enfin, après une connaissance plus exacte, ils pourront proposer les mesures nécessaires et propres à éloigner des affaires, même dans les postes subalternes, tous ceux qui pourraient encore être influencés par la secte.

J'en viens maintenant à notre organisation intérieure sous le rapport de l'alliance contractée avec la France et celui des changements nécessaires pour asseoir un système stable et conservateur, qui fera marcher la machine stagnante aujourd'hui dans une grande partie de ses détails, et qui puisse prouver enfin à la nation, toujours invariable dans son attachement pour le souverain et toujours prête aux sacrifices nécessaires, que, si même plusieurs anciennes institutions avaient besoin d'une espèce de régénération, il n'est cependant pas dans la volonté du roi de bouleverser tout ce qui était bon autrefois, parce que M. de Stein, dans quelques accès de sa folie, a rêvé un bonheur poétique pour la Prusse, dont les suites ont été trois fois plus funestes pour elle que tous les maux réunis de la guerre et toutes les privations qui l'ont suivie. Si la Prusse doit redevenir heureuse, il faut prouver qu'avec M. de Stein son système entier a disparu et qu'aujourd'hui les sectaires ou, pour m'exprimer d'une manière plus claire, nos jacobins allemands, joueraient un jeu trop dangereux en saisissant le brandon jeté à l'aventure pour arriver, sous le masque du patriotisme, à un but qui aujourd'hui ne peut plus être un secret pour personne.

Je n'entrerai point en détail sur les différents défauts que j'ai souvent entendu reprocher à notre administration intérieure, je crois qu'il y a tout autant de vrai que d'outré dans ces jugements et je pense que la vérité est au milieu. D'ailleurs je suis de l'opinion de ceux qui pensent que la régénération politique de la Prusse a dû précéder sa régénération intérieure, et ce n'est qu'après l'alliance que les gens calmes oseront se permettre un jugement.

La grande faute qui paraît exister aujourd'hui, sur laquelle toutes les voix se réunissent et qui, par sa nature, doit entraver toute la marche du gouvernement, c'est l'augmentation vraiment incroyable et disproportionnée des chefs à demi-pouvoir connus sous le nom de conseiller d'état intime et conseiller d'état que l'on a placés, avec des appointements énormes, au moment de notre plus grande détresse financière, qui, à leur tour, ont fait augmenter d'une manière tout aussi énorme les employés subalternes, pour la plupart créatures de leurs opinions politiques et qui, marchant tous d'après leurs idées personnelles, n'ont presque aucune responsabilité, parce que le chancelier d'état, baron de Hardenberg, le seul qui puisse les surveiller, est constamment occupé par des objets plus importants et ne peut impossiblement suffire à une besogne qui surpasse les forces humaines.

La Prusse, dès les plus beaux jours de sa gloire, n'avait que cinq ministres avec le nombre proportionné des subordonnés et tout prospérait; les temps étaient autres, à la vérité, mais les pouvoirs étaient fixés, les états financiers de chaque département étaient précis et ne pouvaient être dépassés ni pour la recette ni pour la dépense, et, si, alors comme aujourd'hui, il avait existé un chancelier d'état au lieu des secrétaires du cabinet qui étaient une monstruosité politique depuis la mort de Frédéric II, je crois que nulle autre organisation n'eût pu mieux convenir à la Prusse que celle-là. Dans notre position actuelle, où la force du gouvernement doit être beaucoup plus concentrée, parce qu'il existe des factions et des fanatiques dangereux qui peuvent nous perdre par une seule imprudence, dans ce moment où il est urgent que le système politique du roi soit soutenu par tous les ministres auxquels il daigne accorder sa confiance, cette organisation est encore la seule qui nous convienne, la seule qui pourra faire prospérer le système que nous venons d'adopter, la seule qui puisse donner à tous les actes du gouvernement l'énergie dont il a besoin après une longue époque d'impunité et de désordre. Le chancelier d'état doit être, d'après la nature de son emploi, le chef et le surveillant de tous les ministres, avec lesquels il doit discuter et préparer tous les grands intérêts de l'état à soumettre à la sanction du roi, et ce n'est qu'ainsi que le secret couvrira enfin les opérations du gouvernement. Mais il me paraît que le chancelier d'état ne devrait point se mêler des détails des différents ministères, il ne faut point que les subordonnés des départements puissent communiquer avec le chancelier d'état par un autre canal que celui de leurs chefs, il faut que les ministres aient un grand pouvoir et une grande responsabilité; sans cela, il ne peut exister que confusion et désordre, et sans le pouvoir nécessaire pour opérer le bien, aucun homme de talent et de tête ne se résoudra à accepter un ministère quelconque. En un mot, il faut que le nouveau ministère, que je vais proposer comme une simple idée à moi, soit composé de gens entièrement dévoués au système que Sa Majesté le roi va adopter à présent, qu'ils soient personnellement attachés au chancelier d'État qu'ils doivent épauler de tout leur pouvoir dans les mesures concertées, qu'ils aient pour eux l'assentiment de la France et l'opinion du public, et que surtout leurs possessions dans le royaume les attachent par leur propre intérêt au bonheur de ce pays.

D'après mon opinion, le gouvernement devrait être composé :

Du chancelier d'état, baron de Hardenberg, chef de tous les départements ;

Du ministre des affaires étrangères ;

Du ministre de l'intérieur ;

Du ministre des finances ;

Du ministre de la guerre ;

Du ministre de la justice.

Si j'avais un conseil à donner, je proposerais :

Pour *ministre des finances*, l'ancien ministre d'état, baron de Voss, le seul homme ici que je crois capable de remplir dignement cette place. Il a pour lui l'opinion de la France et celle du public, il est grand travailleur avec une grande routine d'affaires, il est attaché à ce pays par la grande fortune qu'il possède, il a donné dans plusieurs occasions des preuves de dévouement, et j'ajouterai que la voix publique l'appelle depuis longtemps à ce poste. Le chancelier d'état croit qu'il trouvera en lui un antagoniste à son système, sur l'attachement duquel il ne pourra jamais compter, et il se trompe.

Le chancelier d'état ne peut pas douter de ma sincère amitié pour lui, je lui en ai donné des preuves trop réelles, et je réponds de M. de Voss et de ses sentiments pour le chancelier d'état comme des miens. Il y a, à la vérité, plusieurs choses dans l'arrangement actuel de l'administration actuelle que M. de Voss désapprouve, je partage ce sentiment avec lui et je n'ai jamais caché, là-dessus, mon opinion. Que le chancelier d'état et M. de Voss se voient une seule fois en ma présence, qu'ils s'expliquent avec cette franchise loyale qui les caractérise tous les deux, comme des hommes qui, tous deux, veulent le bien de la patrie, et ils s'entendront bientôt, j'en suis bien convaincu.

Le département des *affaires étrangères* se trouve aujourd'hui dans les mains du comte de Goltz, qui est vraiment le plus honnête des hommes et qui a des principes excellents.

Cependant, si les choses doivent marcher selon le nouveau système que l'on vient d'adopter, avec cette vigueur et ce secret qui deviennent absolument nécessaires, ce département ne peut pas, à ce qu'il me paraît, rester dans les mains du comte de Goltz, qui a la faiblesse de ne savoir absolument rien cacher à personne et surtout à sa femme, et est au surplus d'une apathie qu'aucun événement ne peut émouvoir, et depuis son dernier voyage entrepris dans un des moments les plus décisifs, il a perdu la considération dans le public[1].

1. Le comte de Goltz avait mené les négociations à Erfurt en 1808.

Si j'avais un conseil à donner, je nommerais le comte de Goltz qui, d'ailleurs, n'a pas démérité, ministre à Vienne. J'en rappellerai M. de Humboldt que l'intrigue et la secte y ont placé, d'autant plus qu'il ne sera jamais par conviction dans le nouveau système. Je rappellerais de Pétersbourg M. de Schladen, qui a intrigué dans tout ce qui s'est fait à Kœnigsberg dans le temps où l'on travaillait à entraîner le roi dans une nouvelle guerre contre la France, et je le rappellerai avec d'autant plus de raison qu'il a demandé tout à l'heure un congé dans un moment où, avec un peu de tact, il n'aurait jamais dû en concevoir l'idée.

M. de Humboldt, si toutefois l'on trouve nécessaire de le conserver, pourrait alors être nommé à Pétersbourg, où désormais nous n'aurons pas des objets d'un grand intérêt à traiter. Je ne propose pas l'homme qu'il faudrait mettre à la place du comte de Goltz, parce que, pour le moment au moins, je ne sais pas trouver celui qui a les qualités requises pour ce ministère. Je pense qu'il serait bon de donner à celui que l'on nommera à la place du comte de Goltz la direction de la police secrète non seulement à Berlin, mais aussi dans l'intérieur du royaume.

Pour *ministre de l'intérieur*, je proposerais le conseiller d'état intime Schuckmann, qui est un homme ferme avec d'excellents principes; il est bon travailleur, il a du talent, il connait le pays parfaitement, il sert depuis longtemps, il doit une grande partie de sa carrière au chancelier d'état, qui pourra compter sur lui à toute épreuve.

Le *ministère de la justice* est dans les mains de M. de Kircheisen, qui est un homme d'une grande probité, étranger aux sectes et à l'intrigue; il a le défaut d'être faible, mais, à coup sùr, il ne gâtera rien.

Le *ministre de la guerre* doit être un homme très ferme, capable d'en imposer au mauvais esprit qui a gagné les jeunes officiers et de rétablir cette discipline sévère sans laquelle il n'existe pas d'armée. Il faut que ses principes politiques pour le système actuel soient bien constatés, il faut qu'il soit connu comme tel en France et dans le public, et personne ne réunit à un plus haut degré toutes ces qualités que le lieutenant général de Grawert, gouverneur en Silésie, qui jouit d'une très grande considération méritée dans l'étranger et dans l'armée.

Ce n'est qu'à la hâte que j'ai tracé ce petit aperçu sur notre position extérieure et intérieure; je ne sais si je me suis trompé dans mes aperçus, mais ma conviction intime est qu'un ministère composé de cette manière peut seul nous valoir la confiance entière de la France, rétablir enfin le calme dans notre intérieur.

C'est au baron de Hardenberg, à l'ami qui m'a vu le même dans toutes les occasions et qui doit être convaincu de mon attachement, que je confie ces pensées qui ne doivent être que pour lui; il sait que, depuis la paix de Tilsitt, j'ai poursuivi sans relâche le but que je croyais seul capable de sauver mon pays, il sait que j'ai dit hautement mes opinions, malgré les persécutions inouïes que l'on m'a fait éprouver, et, dans ma position, j'ai au moins la présomption qu'aucun autre intérêt secondaire ne peut influer mes opinions.

Berlin, le 6 janvier 1812.

Signé : Le prince de HATZFELD.

C'était à peu près un an plus tard, au commencement de l'année 1813, que l'auteur de ce mémoire, chargé de nouveau d'une mission diplomatique, revint à Paris où, deux ans auparavant, il avait vu l'empereur, après la naissance d'un fils, au comble du bonheur. Que les temps étaient changés ! La grande armée avait disparu, la Prusse commençait à secouer le joug que le traité du 24 février 1812 lui avait imposé, et les chefs patriotiques, que le mémoire du prince Hatzfeld avait dénoncés, travaillaient énergiquement à l'œuvre de la délivrance.

Alfred STERN.

Extrait de la *Revue historique*.

(*Les tirages à part ne peuvent être mis en vente.*)

Imprimerie DAUPELEY-GOUVERNEUR, à Nogent-le-Rotrou.

www.ingramcontent.com/pod-product-compliance
Lightning Source LLC
Chambersburg PA
CBHW060919050426
42453CB00010B/1826